Barbara Tatzer

Smart City - Smart Traffic

Barbara Tatzer

Smart City - Smart Traffic

Machbarkeitsstudie zur Umsetzung eines Smart Traffic Konzepts

Lehrbuchverlag

Imprint

Cover image: www.ingimage.com

Publisher:
Der Lehrbuchverlag
is a trademark of
International Book Market Service Ltd., member of OmniScriptum Publishing Group
17 Meldrum Street, Beau Bassin 71504, Mauritius

Printed at: see last page
ISBN: 978-620-2-49025-2

Inhaltsverzeichnis

1. EINLEITUNG UND AUFBAU 1

1.1 Verkehrswege in der Stadt 1

1.2 Meine bildungstechnische und berufliche Vorgeschichte 1

1.3 Aufbau und Methodik 2

1.3.1 Arbeit Teil 1 2

1.3.2 Arbeit Teil 2 3

2. HINTERGRUND UND MOTIVATION 4

2.1 Ausgangslage 4

2.2 Motivation 4

2.3 Forschungsfrage 5

2.4 Hypothese 5

2.5 Ziel der Arbeit 5

3. BEDEUTUNG VON SMART TRAFFIC 6

3.1 Smart Traffic Diskussionen – zwischen Science und Fiction 10

3.2 Verkehrsleitsystemanbieter in Österreich 11

3.2.1 GESIG Gesellschaft für Signalanlagen GmbH 11

3.2.2 SWARCO AG 11

3.2.3 Kapsch TrafficCom 11

3.2.4 Siemens 12

4. AUFBAU EINES STRAßENLEITSYSTEMS 13

4.1 IT Standard 13

4.1.1 OCIT 13

4.1.2 OCA 14

4.2 Ausgewählte Infrastruktur im Gebiet Wien 15

5. TECHNISCHE ANSÄTZE FÜR DEN BEREICH SMART TRAFFIC 19

5.1 Verkehrsleitsysteme 19

5.2 Haptic Radar 22

6. VERNETZUNG DER INFORMATIONEN 23

6.1 Das intelligente Smart Traffic Portal 23

6.1.1 Business Logic Layer 24

6.1.2 Cloudbasierte Lösung 25

6.2 Applikation für sehbehinderte Personen 25

7. ENTWICKLUNG EINER BUSINESS LOGIK MIT ANSÄTZEN EINER KI 26

7.1 Blaulichtorganisation 26

7.2 Sehbeeinträchtigte Menschen 27

7.3 Zug 28

7.4 Verkehrsstau in der Stadt 29

7.5 Verkehrsstau auf der Autobahn 29

7.6 Rush-Hour 30

7.7 Unfallerkennung 30

7.8 Verbesserungsmöglichkeiten der Business Logik 30

8. FAZIT / BEANTWORTUNG FORSCHUNGSFRAGE / BEWERTUNG HYPOTHESE 32

9. ZUSAMMENFASSUNG & AUSBLICK 34

10. LITERATURVERZEICHNIS 36

11. ABBILDUNGSVERZEICHNIS 40

1. Einleitung und Aufbau

1.1 Verkehrswege in der Stadt

Besonders in Städten werden wir mit einer Fülle an Leitsystemen konfrontiert, denen wir (bewusst oder unbewusst) Folge leisten. Hinzu kommen manchmal auch Autobahnabfahrten, welche direkt in die Städte einmünden oder Schienenfahrzeuge, welche die Straßen queren und Zusatzsignalsysteme beanspruchen. Spannend wird es, wenn Blaulichtorganisationen bei Einsätzen die allgemeine Straßenverkehrsregelung außer Kraft setzen und motorisierte, als auch nicht-motorisierte Verkehrsteilnehmer sich den neuen Gegebenheiten „just in time" anpassen müssen.

In der heutigen Zeit wissen viele Leute was es bedeutet, in einer Rush Hour den Heimweg an zutreten. Viele Fahrzeuge bergen auch die Gefahr von Unfällen – und schon ist der Stau vorprogrammiert. Die Autobahnabfahrten sind danach in kürzester Zeit verstopft und oftmals bringen und kurze Grünphasen bei den Abfahrten in Rage. Szenarien, wie das Smart Traffic System unter solchen Umständen reagieren soll werden im zweiten Teil der Arbeit angesprochen. Szenarien unter Zuhilfenahme von Blaulichteinsätzen und sehbehinderten Menschen werden sich im zweiten Teil der Arbeit befinden.

Wir nehmen unsere Umwelt primär mit den Augen wahr, deshalb setzen auch viele Leitsysteme darauf auf und informieren uns mit diversen Farbtönen und Symbolen. Um auch sehbehinderten Menschen ein sicheres Gefühl auf den Straßen und Wegen der Stadt zu geben, wird einiges getan, um sie in das städtische Straßenbild sicher miteinbinden zu können, jedoch sind diese Menschen noch immer oft benachteiligt im täglichen Verkehr. Haptische und auditive Hilfen, als auch die Menschen um sie herum sind ihre Leitsysteme.

Ein perfektes fix-und-fertiges System wird die Smart Traffic Plattform nicht werden, daher braucht sie Instruktionen, wie sie optimiert werden kann. Unter Zuhilfenahme von menschlichen Feedbackschleifen, aber auch ihrer eigenen Lernfähigkeit möchte ich ein System vorstellen, welches kontinuierlich versucht seine „Denkweise" zu verbessern.

1.2 Meine bildungstechnische und berufliche Vorgeschichte

Aus Technikinteresse habe ich in Klagenfurt Informatik und Publizistik mit Schwerpunkt „Neue Informations- und Kommunikationstechnologie" studiert und nebenher bei der Telekom Austria zu arbeiten begonnen. In dieser spannenden Zeit begann im großen

Maße der Glasfaserkabelausbau in Österreich und die Telekommunikationsanbieter warben mit (fast) flächendeckender WLAN Anbindung in Ballungsgebieten. Um meiner Innovationsfreude nachzukommen wechselte ich innerhalb der IT Branche das Metier und ging in den Track'n'Trace Bereich und damit verbunden begann für mich der Einstieg in die vierte industrielle Revolution. International begann ich Projekte im IT Bereich anzunehmen und befand mich bald mitten im IoT Zeitalter. Aufbauend auf meiner Arbeit im Informatikstudium, welche sich mit Recommender Systems befasste, vertiefte ich mich immer mehr in den Bereich Künstliche Intelligenz und Digitalisierung und ging schlussendlich nach Amerika, um ein automatisiertes Warenlager mitaufzubauen. Noch während meinen letzten Monaten in Amerika begann ich das Fernstudium an der FH und zurück in Österreich wechselte ich die Firma, da ich wieder tiefer in verschiedene Technologiestacks eintauchen wollte.

Ich verfolge mit dieser vorliegenden Arbeit eine Blue Ocean Strategy, die auf realen Gegebenheiten basiert und mit dem Stand der heutigen Technologie machbar wäre.

1.3 Aufbau und Methodik

Die vorliegende Arbeit besteht aus einem theoretischem Teil und einen darauf aufbauendem praktischen Teil.

1.3.1 Arbeit Teil 1

Im ersten Teil der Arbeit möchte ich dem Leser vermitteln, warum ich mich für das Thema „Smart Traffic" stark gemacht habe und welche Bedeutung dieser Bereich in Zukunft haben könnte. Danach gehe ich kurz auf die drei Haupthardwareanbieter in Österreich ein (Siemens, Kapsch, Swarco und Gesig) und auf die verschiedene Themen, welche von ihnen abgedeckt werden – hauptsächlich jedoch wurden ihre Produkte in anderen europäischen Ländern umgesetzt. Außerdem bin ich in Wien die Strecken „Autobahnauffahrt Handelskai" bis „Autobahnabfahrt Favoriten", „Autobahnauffahrt Favoriten" bis „Autobahnabfahrt Kagran", von Kagran Richtung Reichsbrücke und über die Reichsbrücke den Handelskai hinunter Richtung Süden bis zum Bahnhof „Wien-Praterkai" abgefahren und habe Verkehrsleitsysteme fotografiert, welche ich im ersten Teil der Arbeit vorstellen werde. Über die Funktionen der einzelnen Verkehrsleitsysteme habe ich mich mit Herrn Michael Ganser, VP Head of Solution Management von Kapsch TrafficCom AG, unterhalten und diese Informationen mit den dazu passenden Fotografien bilden die Basis für den zweiten Teil meiner Arbeit.

1.3.2 Arbeit Teil 2

Zur Überleitung zum Praxisteil habe ich einen kleinen Ausschnitt von Wien gewählt, den ich mit Zusatzleitsystemen ausgestattet habe. Ich werde im zweiten Teil der Arbeit Szenarien durchzuspielen, mit denen ich zeigen möchte, wie eine allgemeine Plattform funktionieren könnte, auf der die Daten der Leitsysteme gesammelt und ausgewertet werden – und zwar JIT (just in time). Mit diesen Informationen sollen automatische Vorschläge generiert werden (Recommender System), welche an die Leitsysteme zurückgesendet werden. Außerdem soll die Plattform den Blaulichtorganisationen ihre Arbeit erleichtern, weil sie ein aktives Eingreifen in den Verkehrsstrom ermöglichen soll, ohne den Verkehrsfluss ganz zum Erliegen zu bringen. Als Zusatznutzen möchte ich ein Feature aufzeigen, welches für sehbehinderte Menschen eine Erleichterung im Straßenverkehr bringen soll. Da es für mich als visuellen Menschen schwer gefallen ist die Sinnhaftig- und Wichtigkeit diverser Tools für Blinde zu beurteilen, habe ich mich mit einer blinden Arbeitskollegin unterhalten und ihr meine Vorschläge unterbreitet. Sie hat mir dann erklärt, was für sie wirklich von Nutzen wäre und womit sie überhaupt nicht klarkommen würde.

Um die verschiedenen Aspekte eines Smart Traffic Konzeptes im praktischen Teil vereinfacht darzustellen, beschreibe ich Szenarien und den zu erwartenden Output der Plattform mit der darauf laufenden Business Logik, welche die verschiedenen Objekte (Ampeln, Verkehrsschilder, Smartphones, Vibrationsgürtel für Blinde) ansteuert. Zu guter Letzt möchte ich auch noch einen Ausblick geben, was wir alle in Zukunft von Smart Traffic noch erwarten können.

2. Hintergrund und Motivation

2.1 Ausgangslage

Es gibt eine Menge von Leitsystemen, die einen geordneten Ablauf des Verkehrs in Großstädten gewährleisten sollen. In Wien werden aber die Straßenleitsysteme noch teilweise manuell betrieben und sind nicht untereinander vernetzt. Leitsysteme auf der Autobahn (bis zur Autobahnabfahrt) werden über die ASFINAG gesteuert, und ab dem Zeitpunkt, wo das Fahrzeug von der Autobahnabfahrt auf eine andere Straße übersetzt, wie zum Beispiel bei der „Abfahrt Handelskai" in Wien, gehören die Verkehrsleitsysteme der Stadt Wien. Die ASFINAG als auch die Stadt Wien betreiben für sich gesehen eigene Verkehrsleitsysteme. Bei der ASFINAG spricht man von der Verkehrszentrale[1], bei der Stadt Wien heißt die offizielle Bezeichnung Verkehrsrechner[2].

Dadurch ergeben sich Probleme wie Staubildungen, bei denen Blaulichtorganisationen nicht zügig zu ihrem Einsatzort kommen können oder Erschwernisse und Gefahren für Nicht-motorisierte Teilnehmer auf den Straßen. Besonders für sehbehinderte Fußgänger stellt diese Tatsache ein immenses Problem dar, da sie gegenüber den motorisierten Teilnehmern im Nachteil sind. Ihnen fehlt der Gesamtüberblick aller Straßenleitsysteme, um schnell und effizient agieren zu können, wenn sich Probleme sichtbar machen oder sogar schon entstanden sind.

Es existieren Ansätze für Smart Traffic in der Literatur, mit denen Straßenleitsysteme digitalisiert und vernetzt werden können. Die Anwendbarkeit auf Wien wurde bis jetzt noch nicht untersucht.

2.2 Motivation

Das Schlagwort „Smart Home" ist heutzutage geläufig und bei „Smart Logistics" habe ich bei meinen vorigen Arbeitgebern auch schon auf diesem Gebiet Erfahrungen gesammelt. Nachdem ich auf das Feld „Smart Cities" aufmerksam geworden bin, wo es auch schon einige Publikationen gibt, habe ich mich immer mehr und mehr in den Traffic

---

[1] https://www.asfinag.at/verkehrssicherheit/verkehrsmanagement/ besucht am 8.August 2018

[2] https://www.wien.gv.at/verkehr/ampeln/steuerung/verkehrsleitzentrale.html besucht am 8.August 2018

Bereich eingearbeitet und nachdem dieser Bereich noch ziemlich vernachlässigt wurde, was die Digitalisierung angeht, sehe ich darin eine „grüne Wiese", auf der vieles möglich ist – und ich liebe es innovativ zu sein.

Meiner Meinung nach lohnt sich hier die Investition einer Blue Ocean Strategy, da es zwar einige Ansätze zur intelligenten Verkehrssteuerung gibt, jedoch weit mehr dieser Ansätze gehen in die Richtung „Applikationen in den Fahrzeugen"[3] und weniger „intelligente Vernetzung der bestehenden Verkehrsleitsysteme".

2.3 Forschungsfrage

Wie ist es möglich die manuell getriggerten Signalsysteme auf den Straßen von Wien digital zu steuern und zu vernetzen und diese Daten in eine cloudbasierte Lösung zu integrieren, wo sie nach individuellen Anforderungen abgerufen werden kann?

2.4 Hypothese

Ich habe für diese Arbeit die Hypothese aufgestellt, dass es mit marginalen technischen Änderungen an bestehenden Verkehrsleitsystemen möglich ist, diese manchmal sogar manuell getriggerten Signalsysteme auf den Straßen von Wien digital zu steuern und zu vernetzen. Die daraus gewonnenen Daten werden in eine cloudbasierte Lösung integrieren, wo sie aufbereitet von externer Hardware nach individuellen Anforderungen abgerufen werden kann.

2.5 Ziel der Arbeit

Ziel der Arbeit ist es eine technische Machbarkeitsstudie, die zeigen soll, ob es möglich ist, die Signalsysteme auf den Straßen von Wien digital zu steuern und zu vernetzen und die gewonnenen Daten in eine cloudbasierte Lösung zu integrieren, aufzubereiten, und an externe Hardware nach individuellen Anforderungen weiterleiten zu können.

---

3 https://www.vt.bgu.tum.de/lehre/master/module/elective-modules/intelligente-fahrzeuge/ besucht am 22.August 2018

3. Bedeutung von Smart Traffic

„Smart Home“ und „Smart City“ sind für viele Leute ein gängige Begriffe, aber „Smart Traffic“? Im Buch „Smart City, Smart Mobility: Transforming the Way We Live and Work“ vom Autor Lukas Neckermann, herausgegeben am 28.März 2018, ist zu lesen: *„[...] What is Smart? Smart is what best serves the people within the city: sometimes nudging them, sometimes responding to them, but always progressing forward.“*[4] Und genau dieses Vorantreiben beschert uns immer mehr smarte Lösungen für unser Alltagsleben.

Mit dem Begriff „Smart Traffic“ verbinden Experten eine intelligente Steuerung von automatisch erhobenen Daten im Straßenverkehr, welche von Sensoren, Verkehrsleitsystemen, Kameras, Kontaktschleifen im Boden oder anderen Systemen an eine Plattformweitergeleitet werden, wo sie gesammelt und analysiert werden und aufgrund der Auswertung Inputsignale für Verkehrsmanagementsystemen weitergeleitet werden. Diese Signale steuern zum Beispiel Ampeln oder digitale Verkehrszeichen an.

In der Realität findet man sehr selten umgesetzte Smart Traffic Konzepte in den Städten, da der Umbau der zurzeit verwendeten Hard- und Software einiges kosten würde.

„Die Einführung eines solchen Systems kostet Milliarden. [...] So stellte die Unternehmensberatung McKinsey Global Institute bereits 2011 fest, dass sich bis 2019 weltweit rund 700 Milliarden US-Dollar jährlich einsparen ließen, und zwar ausschließlich durch Kraftstoff- und Zeitersparnissen.“[5]

Universitätslehrgänge mit Schwerpunkt Verkehrsmanagement findet man zwar auch in Österreich, aber noch mehr darüber entdeckt man eher außerhalb unserer Grenzen. Die Universität in Phoenix, Arizona, bietet eine Studienrichtig speziell für Next Generation Transportation Solutions an, in der Studierende lernen wie sie neue Technologien im Zeitalter des IoT (Internet of Things) einsetzen können, um intelligente Verkehrsleitsysteme zu bauen[6].

Doch Österreich will auf dem Gebiet der intelligenten Mobilität aufholen und unter dem Label ITS Austria (smart-mobility.at) haben sich Stakeholder aus den Bereichen öffentliche Hand, Wirtschaft, Forschung und Industrie zusammen geschlossen, um den

---

4 Smart Cities, Smart Mobility, Pos.79

5 https://www.welt.de/wirtschaft/webwelt/article114516596/Mit-Smart-Traffic-lassen-sich-Staus-verhindern.html besucht am 19.August 2018.

6 https://www.fhwa.dot.gov/publications/research/ear/SmartTrafficSignal.pdf besucht am 19.August 2018

Bereich Intelligenter Verkehrs-Systeme (IVS) auf internationaler Ebene vertreten zu können[7]. Für ihre Trafficmanagement 2.0 ERTICO Plattform haben sich TomTom und SWARCO zusammengeschlossen, und mittlerweile besteht diese Plattform aus mehr als 25 Mitgliedern (aus unterschiedlichen wirtschaftlichen Bereichen), welche Lösungsansätze diskutieren, die ein intelligentes Verkehrsmanagement fördern[8].

Der Gesamtheit wegen möchte ich auf die aktuellen Vorhaben eingehen, die zurzeit in der Europäischen Union umgesetzt werden[9]:

- ITS Action Plan: Ziel ist die Vernetzung der Verkehrsinfrastruktur mit den Fahrzeugen (wie oben schon erwähnt)
- ERTICO ITS Europe: Um kooperative Systeme umsetzen zu können wurde zum Beispiel die „Cooperative Mobility Alliance" gegründet mit mehr als 100 Mitgliedern aus den Bereichen Regierung, Industrie, Normierung und Netzbetreibern
- CEN (europäisches Komitee für Normung), CENELEC (europäisches Komitee für elektrotechnische Normung) und ETSI (europäisches Institut für Telekommunikationsnormen): Diese Organisationen erarbeiten die Standardisierung für die Schnittstellen der verbundenen Komponenten

2013 gab Siemens in einem Mobility Strategy Paper für wichtige Kooperationen drei Unternehmen in der Industrie an, an denen die Firma zukünftig Potential sah:

- CAR 2 CAR communication consortium: Die Interaktion zwischen Infrastruktur und Fahrzeug soll genormt werden
- Amsterdam Group: Car 2 Car communication consortium und Infrastrukturbetreiber haben sich zusammengeschlossen, um Servicedienste und Applikationen für Verkehrssysteme zu definieren
- Autohersteller: CAR 2 CAR communication consortium hat einige Autohersteller überzeugen können sich zu verpflichten, dass ab 2015 Fahrzeuge mit der Car2X Technologie ausgestattet werden. In Wien gab es am Handeslakai eine Teststrecke (siehe Abbildung 6), doch die Umsetzung steckt noch in Kinderschuhen.

---

7 https://www.smart-mobility.at/its-austria/aufgaben/ besucht am 19.August 2018

8 http://tm20.org/ besucht am 19.August 2018

9 https://www.siemens.com/content/dam/webassetpool/mam/tag-siemens-com/smdb/mobility/road/traffic-management/documents/cooperativity-in-motion-de.pdf; Seite 7 besucht am 26.August 2018

Siemens wiederum hat einen der Wege eingeschlagen und ihre „Infrastruktur der Zukunft“ publik gemacht, an der das Unternehmen aktuell arbeitet[10]. Ihre Vehicle-to-X Vision beinhaltet die Verschmelzung der Informationen von Infrastruktur und Fahrzeuge. In Abbildung 1 werden 4 Bereiche vorgestellt, an denen Siemens arbeiten will, bzw. schon arbeitet. Die Car2X bzw. Vehicle-to-X Vision in Abbildung 1 stellt eine Verkehrslandschaft dar, welche durch intelligente Vernetzung aller Beteiligten zu einem durchgehenden Informationsaustausch fähig ist. Fahr- und Flugzeuge aller Art sollen mit diversen Infrastrukturobjekten kommunizieren und basierend auf dieser Interaktion setzen die Fahr- bzw. Flugzeuge selbstständig Aktionen.

Car2X ist bereits schon in Entwicklung und die Idee dahinter ist der automatische Informationsaustausch zwischen Fahrzeugen, Straßenverhältnisse inklusive Hindernisse, Verkehrsfluss und Informationen von digitalen Verkehrsschildern. Noch am Anfang steht das Unternehmen mit der Idee für Rail2X, Ship2X und Airplane2X. Derzeit werden die Demands und Grundlagen evaluiert.

---

[10]https://www.siemens.com/content/dam/webassetpool/mam/tag-siemens-com/smdb/mobility/road/connected-mobility-solutions/cooperative-systems/documents/siemens-vehicle-to-x-communication-technology-infographic-de-14nov16.pdf besucht am 24.August 2018

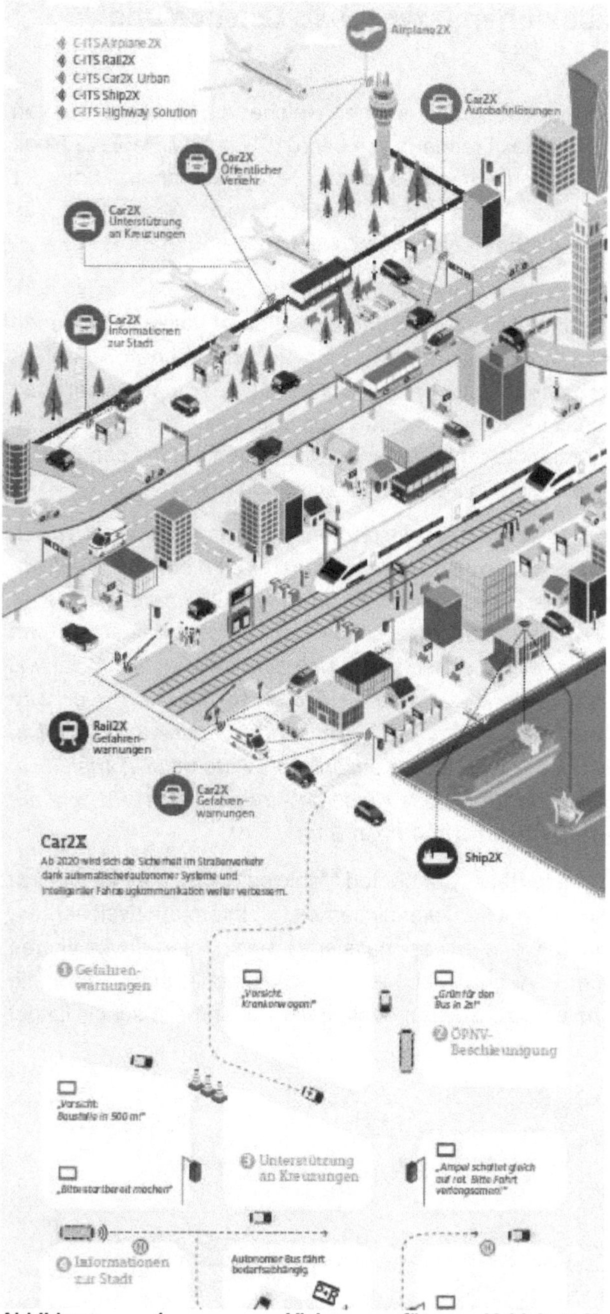

Abbildung 1 - Vision für Vehicle-to-X-Kommunikationstechnologie (V2X) von Siemens

3.1 Smart Traffic Diskussionen – zwischen Science und Fiction

Sven Gábor Jánszky[11], der Trend- und Zukunftsforscher, welcher ein Mitbegründer von 2b AHEAD Think Tank[12] ist, stand in der Trendanalyse 04/2016[13] von 2b AHEAD Rede und Antwort über die Zukunft von Smart Traffic. Bezuggenommen hat der Wissenschaftler auf selbstfahrende Autos und die Generation Y, welche die Zielpersonen der öffentlichen Verkehrsbetriebe in der Zukunft sind.

Sven Gábor Jánszky gibt zu bedenken, wenn selbstfahrende Fahrzeuge, in seinem Beispiel kommt ein Großraumtaxi mit sechs Sitzen und ohne Fahrer vor, von Personen via Bestätigung über eine Smartphoneapplikation bestellt werden können, inwiefern werden die öffentlichen Verkehrsbetriebe dann noch gebraucht? Der Trendforscher sieht die smarte Zukunft schnell auf uns zukommen, möchte sich aber nicht festlegen, wann. Amüsanter Weise führt er eine kontinentenübergreifende Diskussion an, die den Einzug der selbstfahrenden Autos prägen: wird das Lenkrad verschwinden oder nicht?

[…]Es gibt einen typisch deutschen Blick auf selbstfahrende Autos und einen typisch amerikanischen Blick. Diese beiden Sichtweisen unterscheiden sich diametral an einem Gegenstand: Am Lenkrad. Der typisch deutsche Blick folgt der Grundregel, dass es einen Fahrer gibt […] Wer aber nicht daran glaubt, dass ein Auto das bestmögliche Vehikel für einen selbstaktiven Fahrer ist, sondern ein sich selbständig von A nach B bewegender Raum, der wird zu einer völlig anderen Prognose kommen. Der wird niemals ein Lenkrad erfinden, weil es sinnlos ist. […] Das ist der amerikanische Blick. Der amerikanische Blick dreht unser bisheriges Konzept von Automobil komplett. In diesem Konzept ist es egal, auf welche Weise das Auto von A nach B fährt. Es geht nur darum, was der Passagier auf seiner Fahrt von A nach B tut. […][14]

Im Internet findet man viele Beispiele über „Connected Vehicles“, aber dies ist wirklich ein Zukunftsthema, welches mit Datensicherheit, Informationssicherheit, Rechtssicherheit (Wer ist schuld, wenn etwas passiert?) und vielen Investitionen einhergehen wird. In meinen Augen ist es realistischer, sich auf die Infrastruktur2Infrastruktur Technologie zu stürzen, weil diese Zukunft hat schon längst begonnen.

---

[11] https://de.wikipedia.org/wiki/Sven_G%C3%A1bor_J%C3%A1nszky besucht am 24.August 2018

[12] https://www.zukunft.business/ besucht am 24.August 2018

[13] 2016-10-16_2b_AHEAD_Trendanalyse_Selbstfahrende_Autos_01.pdf Download am 23.August 2018

[14] 2016-10-16_2b_AHEAD_Trendanalyse_Selbstfahrende_Autos_01.pdf; Seite 3 Download am 24.August 2018

3.2 Verkehrsleitsystemanbieter in Österreich

Größtenteils teilen sich in Österreich Gesig, SWARCO, Kapsch TrafficCom und Siemens die Verkehrsmanagementlandschaft unter sich auf.

3.2.1 GESIG Gesellschaft für Signalanlagen GmbH[15]

Das Verkehrstechnikportfolio von GESIG beinhaltet Verkehrsleitsysteme, Verkehrslichtsignalanlagen, Verkehrslichtsignalgeber, Verkehrsdetektoren und Verkehrsüberwachung. Außer dem Thema Verkehrstechnik beschäftigt GESIG sich auch noch mit Parktechnik (Parkleitsysteme, Parkabfertigungssysteme, Parkscheinautomaten, Schrankenanlagen, Rising Step Barriers und automatische Poller). Zusätzlich bietet GESIG noch Sicherheitstechnik an (Einsatzfahrzeugausrüstung, Hochsicherheitssperren, Zutrittskontrollanalagen, Personenvereinzelungsanlagen, Videoüberwachungsanlagen, Alarmanlagen). Auf dem Gebiet der Kommunaltechnik bietet GESIG Led-Beleuchtungen, Bodenmarkierung, Gelblichtstreifen, Parkscheinautomaten und Pfosten und Poller an.

3.2.2 SWARCO AG[16]

SWARCO hat sich in Österreich auf die Bereiche Traffic Management mit der Firma SWARCO FUTURIT Verkehrssignalsysteme GmbH, Traffic Materials mit der Firma M. SWAROVSKI GmbH und Services mit den Firmen SWARCO TRAFFIC AUSTRIA GMBHund SWARCO HEOSCONT Strassenmarkierungen GmbH spezialisiert.

3.2.3 Kapsch TrafficCom[17]

Das Portfolio von Kapsch TrafficCom umfasst intelligente Mobilitätsprodukte (Mauteinhebung, Verkehrsmanagement, Verkehrssicherheit, Smart Urban Mobility und vernetzte Fahrzeuge), Produkte im Bereich In-vehicle, RF Field und Video & Sensor und betriebliche Lösungen wie den technischen Betrieb (von der Straße bis zum Backoffice),

---

15 https://www.gesig.at/ besucht am 21.August 2018

16 https://www.swarco.com/austria besucht am 21.August 2018

17 https://www.kapsch.net/ktc besucht am 24.August 2018

kommerzielle Lösungen (von der Bezahlung bis zum Callcenter) und komplette Dienstleistungspakete für intelligente Mobilitätslösungen[18].

3.2.4 Siemens[19]

Im Mobilitätsproduktportfolio wird zwischen Schienenverkehr (Fahrzeuge, Bahnservices, Bahnautomatisierung, Bahnelektrifizierung, Komponenten und Systeme und Turnkey Rail Solutions), Straßenverkehr (Verkehrsmanagement, Connected Mobility Solutions, Parking Solutions, Enforcement und Mautlösungen, Services und Operations, Tunnel Management, Integrated Logistics Solutions, Elektromobilität, ITS Portfolio [Intelligent Traffic Systems] und ITS Digital Lab [The MindSphere Application Center for Intelligent Traffic Systems]), integrierte Mobilität (SiMobility, Drehkreuze der Zukunft und Nachhaltige Mobilitätslösungen mit Weitblick – Green Mobility) und Mobility Consulting unterschieden.

---

18 https://www.kapsch.net/ktc/Portfolio/Operations?conversion=GridBox42675Betrieb besucht am 24.August 2018

19 https://www.siemens.com besucht am 24.August 2018

4. Aufbau eines Straßenleitsystems

Die Bilder in diesem Kapitel wurden auf den Strecken „Autobahnauffahrt Handelskai" bis „Autobahnabfahrt Favoriten", „Autobahnauffahrt Favoriten" bis „Autobahnabfahrt Kagran", von Kagran Richtung Reichsbrücke und über die Reichsbrücke den Handelskai hinunter Richtung Süden bis zum Bahnhof „Wien-Praterkai" aufgenommen.

4.1 IT Standard

OCIT[20] Open Communication Interface for Road Traffic Control Systems und die OCA[21] (Open Traffic Systems City Associatio e.V.) sind die zwei Abkürzungen, auf die ich in diesem Kapitel näher eingehen will.

4.1.1 OCIT

Bei der heutigen Verkehrssteuerungssystemen fällt auf, dass sie oftmals proprietäre Schnittstellen implementieren. Somit haben die Betreiber wie zum Beispiel Städte oder Gemeinden das Problem, dass das Betreiben von herstellergemischten Systemen einen großen Aufwand bedeutet und mit einigen Investitionen für den Umbau dieser Systeme gerechnet werden muss. Zur Umgehung dieses Problems setzen viele Betreiber explizit nur auf einen Hersteller und die Konkurrenzfähigkeit bleibt auf der Strecke. Es bilden sich Monopolstellungen und Umrüsten oder gar Wechseln zu einem anderen Hersteller ist sehr teuer und zeitaufwendig für die Käufer bzw. Betreiber der Verkehrsleitsysteme.

Das Ziel der OCIT ist die Schnittstellen für die Straßenverkehrstechnik zu vereinheitlichen und einen Standard abzubilden, damit Geräte, Komponenten und Systeme beliebiger Hersteller eindeutig kommunizieren können. Um dies zu gewährleisten sollen die Protokolle, Funktionsaufrufe und Datenstrukturen, welche über die OCIT Schnittstelle aufgerufen werden, vereinheitlicht sein. *„[...] "Innere" Eigenschaften, die nicht mit den Kommunikations-Schnittstellen zusammenhängen, wie Aufbau, Applikationen, Datenbanken, Bedienoberflächen etc., werden in OCIT nicht*

---

20 https://www.oca-ev.info/ocit/was-ist-ocit/ besucht am 24.Juli 2018

21 https://www.oca-ev.info/oca-ev/oca-ev-ziele-motivation-und-mitgliedschaft/?L=crrhmzuvbzeqp besucht am 24.Juli 2018

bearbeitet."[22] Die technischen Spezifikationen sind online frei zugänglich unter www.ocit.org.

4.1.2 OCA

1999 wurde die OCA gegründet als Verband der öffentlichen Baulastträger und Betreiber der Straßenverkehrstechnik, welcher für die öffentliche Verwaltung die Interessen bei der Entwicklung von Verkehrsleitsystemen (Verkehrsrechner, Verkehrsleitzentralen und Lichtsignalanlagen) vertritt. Zurzeit sind in der OCA Mitglieder aus 38 Mitgliedsstädten und Bundesländern aus der DACH Region tätig, wobei zu betonen ist, dass die OCA nicht nur für deutschsprachige Länder oder EU Länder gegründet wurde, sondern auch andere Länder sich ihr anschließen können.

Die Ziele der OCA sollen den Wettbewerb durch Standards fördern, die Ausschreibungsverfahren kürzen und die Anforderungsprofile der Anbieter vereinfachen und vergleichbar machen. Die Tätigkeiten der OCA sehen auch Aktivitäten auf der nationalen und EU Ebene vor, welche man auch auf der Homepage findet[23]:

Nationale OCA-Aktivitäten

Die OCA ist in diversen Vereinigungen vertreten, so z.B.:

•Leitung & Mitarbeit im FGSV - AK 3.3.8

•Mitarbeit im IVS-Beirat des BMVI

•Mitarbeit in der BMVI-Arbeitsgruppe Informationsdienste

•Mitarbeit im F&E-Projekt IVS-Architektur für Deutschland

EU OCA-Aktivitäten

International engagiert sich die OCA z.B. durch die Mitarbeit in der „Amsterdam Gruppe". Seit 2009 ist die OCA auch mit der „Urban Traffic Management and Control" Gruppe in Großbritannien in Kontakt. Zusätzlich findet man sie auch aktiv bei:

• CIVITAS CAPITAL ITS Advisory Group

• Europäischen C-ITS Plattform

• CEN Pre-Study Arbeitsgruppe PT 1701

---

22 https://www.oca-ev.info/ocit/was-ist-ocit/ besucht am 24.Juli 2018

23 https://www.oca-ev.info/oca-ev/oca-ev-ziele-motivation-und-mitgliedschaft/?L=vqlledrjsdbc%22%22 besucht am 24.Juli 2018

Bei den EU-Projekte wie z.B. das Horizon 2020-Projekt CIMEC (C-ITS for Mobility in European Cities) arbeitet die OCA auch aktiv mit.

Die oben angeführten Informationen finden sich alle auf der Homepage der OCA wieder.

4.2 Ausgewählte Infrastruktur im Gebiet Wien

Die nachfolgenden Fotos bin ich mit Herrn Michael Ganser, VP Head of Solution Management von Kapsch TrafficCom AG, durchgegangen, und habe mich über die Funktionen der Verkehrsleitsysteme informiert.

Abbildung 2 zeigt eine digitale Verkehrstafel. Diese Verkehrsinstallation basiert auf vorgespeicherten Verkehrszeichen (um die 120 Bilder), welche per Signal abgerufen werden. Es können nur gespeicherte Zeichen aufgerufen werden. Die Kameras unter den Anzeigetafeln zählen die passierenden Fahrzeuge.

Abbildung 2 – vordefinierte Verkehrszeichen

Abbildung 3 - Bus und Straßenbahn

Abbildung 3 zeigt eine Straßenkreuzung, welche zusätzliche Ampelsysteme für Straßenbahn und Bus aufweist. Die Steuerung des Zusatzsignales (links neben der grünen Ampel) erfolgt entweder durch Signale über die Luftleitung, welche von der Straßenbahn-, aber auch von Bussen ausgesendet wird, als auch über Signale, die von den Gleisen aus gesendet werden können.

Abbildung 4 – Fußgängerampel mit Kamera

In Abbildung 4 sieht man eine Fußgängerampel inklusive Kamera. Die Kamera über der Ampel sendet kein Bild an eine zentrale Stelle, sondern filmt den Bereich vor der Fußgängerampel und der Ampel gegenüber, ob sich ein Objekt in dem gefilmten Bereich befindet. Falls dies der Fall ist, dann wird die Grünschaltung der Fußgängerampel begünstigt. Falls die Kamera kein Objekt im Zielbereich wahrnimmt, dann kann die Grünschaltung der Fußgängerampel zum Beispiel nur bei jeder dritten Rotschaltung der Autofahrerampel aktiv werden. Bilder bzw. Videos von der Kamera werden nicht gespeichert oder übertragen.

Abbildung 5 - Straßenbahn

Abbildung 5 zeigt eine andere Variante der Straßenbahnampel. Die Steuerung des Zusatzsignales erfolgt durch Signale, die von den Gleisen aus gesendet werden können. Wie auch hier zu erkennen wird dazu genauso eine Strom- und Datenleitung verwendet. Diese Variante findet man öfters in Städten als das Verkehrslicht im oberen Bild.

Abbildung 6 - Car2X Technologie

Abbildung 6, eine Car2X Installation, ist auch in Wien auf einer Teststrecke verfügbar. Man findet diese RSU (Road Side Unit)[24] am Handelskai.

Es muss jedoch hinzugefügt werden, dass man zum Abrufen der Informationen entweder eine Smartphoneapplikation benötigt, oder eine OBU (On Board Unit). Theoretisch könnte das RSU sich überall befinden und muss nicht an einer Ampel angebracht werden, aber praktisch braucht das Gerät Strom und sollte in unmittelbarer Nähe der Empfänger liegen. Bei Hochhäuser und Stahlbetonbauten kann es vorkommen, dass Datensignale verloren gehen.

Abbildung 7 - Tafel für Freitext

In Abbildung 7 sieht man Freitexttafeln, welche individuell bespielt werden können und nicht vorprogrammiert werden müssen. In diesem Fall ist die Stadt Wien für die Informationen zuständig. Auf der Autobahn sieht man sie oft vor Tunnels und bei Stadtzufahrten.

---

24 https://www.siemens.com/global/de/home/produkte/mobilitaet/strassenverkehr/connected-mobility-solutions/sitraffic-vehicle2x.html besucht am 20.Juli 2018

Abbildung 8 wurde am südlichen Handelskai aufgenommen. Angetriggert durch ein Signal, welches von den Gleisen ausgehend beim Passieren des Zuges weitergeleitet wird, wird die Schranken- und die Ampelanlage getriggert.

Diese Art von Bahnanlagen können auch mit dem Straßenampelsystem verbunden sein und eine Rotphase der Verkehrsampel einleiten.

Abbildung 8 - Bahnübergang mit Schranken und Lichtsignal

Eine weitere Variante des Verkehrssignals für Busse und Straßenbahnen ist das digitale Verkehrslenksystem in Abbildung 9. Es wird eingesetzt, wenn sich Busstrecken und Straßenbahngleise kreuzten und regelt zusätzlich noch die Vorfahrt der öffentlichen Verkehrsmittel.

Abbildung 9 - Bus und Straßenbahn (Variante)

5. Technische Ansätze für den Bereich Smart Traffic

Um ein zukunftsweisendes System zu bauen möchte ich darauf eingehen, wie bestehende Hardware verändert/aufgerüstet/umgebaut werden kann, damit aufgezeigt wird, dass es sehr wohl realistisch möglich ist, diese Schritte zu gehen. Dazu werde ich genauer auf die in Kapitel 4 aufgelisteten Verkehrsleitsysteme (inklusive deren Bilder) eingehen, welche ich in meine hier beschriebene, teils fiktive Verkehrslandschaft von Wien eingebettet habe. Ich konnte leider keinen 100% realen Verkehrsabschnitt nehmen, da ich alle die oben aufgelisteten Leitsysteme unterbringen wollte, um in den später kommenden Szenarien aufzuzeigen, wie die gesammelten Informationen für diesen Verkehrsabschnitt verwendet werden können.

Zurzeit haben die Stadt Wien und ASFINAG zwei unterschiedliche Plattformen, welche ein Verkehrsmonitoring bzw. einen kleinen Eingriff auf Verkehrsleitsysteme ermöglichen: VMIS[25] (ASFINAG) und Verkehrsrechner[26] (Stadt Wien). Beide Systeme stellen zwei Welten da, welche ihre Informationen auf keiner gemeinsamen Plattform wirklich nutzen. Das, was beide Welten brauchen, um zu existieren, sind Informationen ihrer jeweiligen Verkehrsleitsysteme, welche mittels Energie und Datentransfer zu VMIS bzw. dem Verkehrsrechner kommen.

5.1 Verkehrsleitsysteme

In meinem selbstgestaltetem Stadtteil mit Autobahnabfahrt habe ich die Bilder von Kapitel 4 verwendet, als auch Zusatzbilder, auf welchen die Verkehrsleitsysteme ähnliche Funktionsweisen haben wie die Leitsysteme des vorigen Kapitels (Fußgängerampel funktioniert gleich wie eine Fußgänger-Radfahrer-Ampel). Ich will nun auf die bestehenden Funktionen der Verkehrsleitsysteme eingehen und danach beschreiben, welche Erweiterung gebraucht wird, um daraus ein „Smart Traffic“ System zu generieren.

Explizit möchte ich darauf hinweisen, dass die Voraussetzung eines „Smart Traffic“ System einheitliche, anbieterunabhängige Schnittstellen beinhaltet (siehe OCIT Definition).

---

[25] http://services.asfinag.at/web/trafficdata/level-of-service-vmis besucht am 12.August 2018

[26] https://www.wien.gv.at/verkehr/ampeln/steuerung/verkehrsleitzentrale.html besucht am 8.August 2018

Zurzeit gibt es in Wien 1268 Ampelanlagen (TLC) (Stand 10.Juli 2018 von Kapsch TrafficCom). Das Wort Ampelanlage mag etwas irreführend erscheinen, weshalb ich eines dieser Systeme in Abbildung 10 skizziert habe:

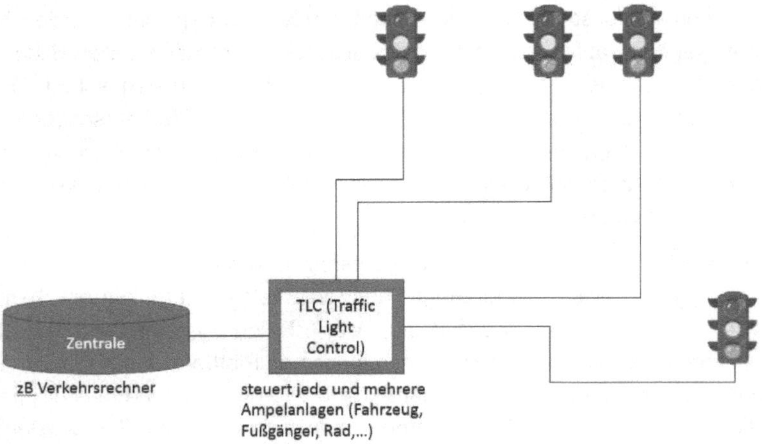

Abbildung 10 - Funktionsweise TLC

Das Traffic Light Control ist meist vom Hersteller gebrandet, weshalb es für andere Konkurrenzfirmen am Markt nicht möglich ist, mit deren Produkten sich an ein fremdes TLC zu hängen. Um dies gewährleisten zu können kehren wir wieder zurück zum Thema OCID, um eine heterogene Landschaft schaffen zu können. Im TLC verstecken sich Programme für die Schaltung der Ampelsysteme. Zurzeit sendet die Zentrale ein Signal zu dem TLC um das Programm zu wechseln (Stichwort Grüne Welle oder durchgehend gelb blinkendes Licht). Der TLC registriert, wenn eine Ampel ausgefallen ist und sendet diese Information in die Zentrale.

Ich möchte nun auf die „Ist und Soll" Funktionsweise der in Kapitel 4 erwähnten Verkehrsleitsysteme eingehen. Die Anzeigetafeln in Abbildung 2 inklusive darunter hängenden Kameras findet man auf der Autobahn und meist steht noch eine freistehende Kamera auf der rechten Straßenseite und filmt gegen die Verkehrsrichtung. Um die gesammelten Informationen - Verkehrsfluss gezählt durch die hängenden Kameras - und ganze Verkehrsbilder durch die freistehende Kamera zu einer allgemeinen Plattform zu senden, benötigt man eine zweite Schnittstelle zu der intelligenten Plattform, auf die ich in Kapitel 6 genauer eingehen werde. Auch für das (automatische) Ansteuern der digitalen Verkehrstafeln benötigt man einen Datentransfer von der intelligenten Plattform. An und für sich braucht man zu der bestehenden VMIS

Schnittstelle eine zusätzliche bidirektionale Datenschnittstelle zu der intelligenten „Smart Traffic" Plattform. Die Stromzufuhr ist hier schon gegeben. Die Datenleitung zu der intelligenten Plattform soll durch die Vorarbeit des Projektes „SCWR" Smart City Wien Rahmenstrategie[27] mitgenutzt werden. In dem Bericht kann nachgelesen werden, dass die Stadt Wien in den nächsten Jahren einen Ausbau beim Datennetz plant inklusive Hotspots in der gesamten Stadt.

Abbildung 3, 5 und 9 zeigen Ampeln für öffentliche Verkehrsmittel, welche Schienen oder Oberleitungen benutzen. Die Verkehrsleitsysteme bekommen ihre Signale, auch Anforderungssignale genannt, durch einen Tracker in den Gleisen bzw. in der Oberleitung. Durch den geplanten Ausbau der Stadt Wien bei den Datenleitungen könnte man in Zukunft Signale von der intelligenten Smart Traffic Plattform zu den Signalsystemen schicken.

Den ersten größeren Umbau wird man bei Abbildung 4 machen müssen. Zur Zeit leitet die aufgesetzte Kamera auf der Ampel das Bild nicht weiter, sondern registriert, ob sich Leute in der Wartezone rund um die Ampel befinden und schickt dann ein Signal zur Ampel selbst weiter, um schneller eine Grünphase zu generieren. Hier wird man nicht nur das Ampelsignal selbst zur Plattform weiterleiten müssen (und zurück von der Plattform), sondern auch das Kamerabild selbst soll weitergeleitet werden. Wozu auch das Kamerabild gebraucht wird, werde ich in Kapitel 7 genauer ausführen.

Die Car2X Technologie, welche sich in Abbildung 6 wiederfindet, wurde am Handelskai für eine gewisse Testzeit von Siemens[28] montiert. Die Stadt Wien hat die Vision, Seestadt mit dieser Technologie flächendeckend als Prototypenprojekt[29] auszustatten und daher wäre sie ideal für die Smart Traffic Plattform ohne zusätzliche Umbauten.

Die digitale Verkehrstafel mit dem Freitext in Abbildung 7 bietet zurzeit eine Interaktionsschnittstelle zum Verkehrsrechner der Stadt Wien. Zukünftig soll sie eine Schnittstelle zur intelligenten Plattform bekommen.

Der Bahnübergang mit Schranken und Lichtsignal in Abbildung 8 wird in Kapitel 7 noch eine große Rolle spielen. Schranken und Lichtsignal werden von einem Sensor im Gleis angetriggert. Für die Smart Traffic Plattform brauchen wir diese Signale auch, damit das System die umliegenden Ampeln mitsteuern kann und Wege berechnen und vorschlagen kann.

---

27 https://smartcity.wien.gv.at/site/wp-content/blogs.dir/3/files/2014/08/Langversion_SmartCityWienRahmenstrategie_deutsch_doppelseitig.pdf besucht am 8.August 2018

28 https://www.siemens.com/global/de/home/produkte/mobilitaet/strassenverkehr/connected-mobility-solutions/sitraffic-vehicle2x.html besucht am 12.August 2018

29 https://www.hitech.at/mobilitaet/wohin-geht-die-fahrt/ besucht am 8.August 2018

In allen Verkehrsleitsystemen, welche ich aufgezählt habe, möchte ich noch eine Sache installieren, nämlich ein Sender/Empfänger Modul, welches ich für Kapitel 5.2 benötige.

5.2 Haptic Radar

Im Jahr 2009 wurde im Ars Electronica Museum[30] in Linz der Haptic Radar[31] ausgestellt, welcher blinde Menschen bei ihrer Mobilität unterstützen soll.

Das Gerät wurde von der Universität Tokyo entliehen; designed und konstruiert wurde es von dem Ishikawa Watanabe Laboratory[32]. Von der Funktionsweise her wird es als Stirnband getragen und registriert, so wie beim Auto der Parksensor, ob sich Hindernisse wie Wände oder andere Menschen zu nah um einen befinden. Falls dies der Fall ist beginnt das Stirnband, besser gesagt die Hardware im Stirnband, zu vibrieren.

Ich habe mit einer blinden Dame, welche die Usability der ÖBB Applikationen testet, über eine andere Möglichkeit gesprochen, weil ich der Meinung bin, dass ständiges Vibrieren eines Stirnbandes bald einmal zu Kopfweh führen könnte, und habe ihr das Konzept eines Brustgurtes – ähnlich dem Brustgurt von Sportlern für die Herzmessung - vorgeschlagen.

Um die Usability des Haptic Radar Tools zu verbessern, wird ein Brustgurt benötigt, welcher einerseits wie das existierende Stirnband mit Akkus versorgt wird, aber andererseits werden die vier Sensoren nicht auf Hindernisse anschlagen, sondern sie Senden und Empfangen Signale, welche von den Verkehrsleitsystemen auch gesendet und empfangen werden können. Um mit der blinden Person zu kommunizieren, wird das eingebaute Vibrationselement verwendet, welches auch schon im Stirnband verwendet wurde. Wie die Szenarien dafür ausschauen wir in Kapitel 7 beschrieben.

---

30 https://ars.electronica.art/wp-content/legacy/content/documents/AEC_Broschuere_2009.pdf; Seite 9 besucht am 17.Juli 2018

31 http://90.146.8.18/en/archives/picture_ausgabe_03_new.asp?iAreaID=501&showAreaID=552&iImageID=69575 besucht am 17.Juli 2018

32 http://www.k2.t.u-tokyo.ac.jp/perception/HapticRadar/index-e.html besucht am 17.Juli 2018

6. Vernetzung der Informationen

Im vorigen Kapitel bin ich darauf eingegangen, welche Ausgangssituationen bei der Hardware bestehen und welche Zusatzaufwände betrieben werden müssen, um sie für ein Smart Traffic Konzept umzubauen. In diesem Kapitel möchte ich die Plattform selbst skizzieren und einen Vorschlag für eine Applikation machen, welche Informationen an die Plattform schickt bzw. von den vernetzten Informationen der Plattform profitiert. Ich möchte darauf hinweisen, dass die Applikation nicht nur für sehbehinderte Menschen gedacht ist, dies aber in meiner Arbeit als Beispiel dient.

6.1 Das intelligente Smart Traffic Portal

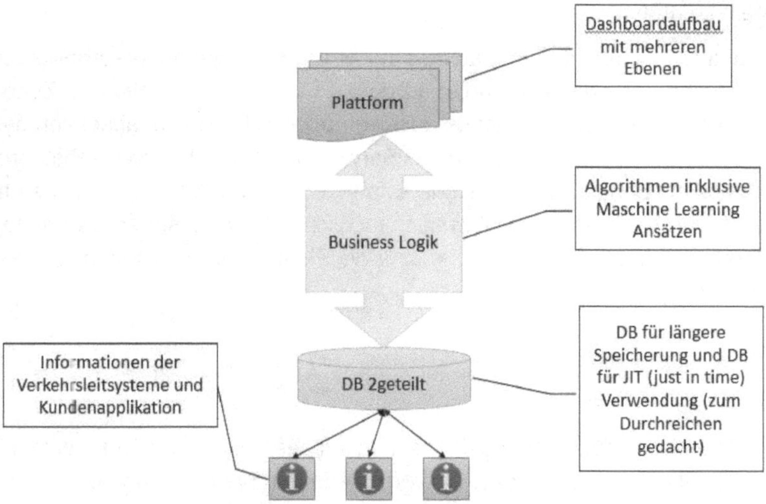

Abbildung 11 - Smart Traffic Plattform

Abbildung 11 zeigt einen Überblick der Komponente der Smart Traffic Plattform. Einstiegspunkt ist eine Login Maske, hinter der sich eine Rollen/Berechtigungslogik verbirgt. Angedachte Stakeholder sind Blaulichtorganisationen, Verkehrsmanager der Stadt Wien, ASFINAG Service Manager, Bahn Service Manager und (in dieser Arbeit berücksichtigte sehbehinderte Menschen) Kunden, welche die Web- und Smartphoneapplikation nutzen wollen.

Hinter dem Login Szenario fragt die Applikation ab, ob und in welche Kategorie (Blaulichtorganisation, Verkehrsmanager der Stadt Wien,...) das Login fällt und gibt im Portal dementsprechende Ansichten frei. Wenn man tiefer in die Architektur des Portals einsteigt, kommt man auf die Business Logik Ebene, auf die ich später noch genauer eingehen werde. Die Daten selbst liegen in einer zweigeteilten Datenbank. Einerseits kommen diejenigen Informationen, welche man für Graphiken und längeres Monitoren braucht aus einer Datenbank, andererseits kommen ad hoc Informationen bzw. Anfragen, wie zum Beispiel Signale des Bahnverkehrs und der Busse bzw. Straßenbahnen, aber auch Signale der Kundenapplikationen, aus einer anderen Datenbank, welche einerseits aus Exception-Handling Gründen die Daten kurz wegspeichert (falls sie auf den Weg zum Business Logik Layer defekt werden oder gar wegfallen und wiedergeholt werden müssen) und andererseits weiterreicht zum Business Logic Layer zur Verarbeitung.

Um ein lückenloses Arbeiten zu gewährleisten werden sogenannte Heartbeats losgeschickt zu den informationseinmeldenden Systemen, um zu bemerken, ob eine Rückantwort kommt, oder nicht. Falls keine Antwort kommt wird ein Alarm ausgelöst, um das „tote" System zu prüfen.

Ich möchte noch kurz erklären, warum auch Bahn Service Manager auf die Applikation zugreifen sollen: wenn aus irgendeinem Grund das Signal des Ankommenden Zuges nicht die Warnleuchten des Bahnübergangs auslösen oder nicht das Herabsenken des Bahnschrankens auslösen, dann soll der Bahn Service Manager über diese Plattform zwei Sachen auslösen können. Einerseits das sofortige Schalten der Ampeln rings um die Bahnschranke auf ROT und es soll ihm auch möglich sein, so gesehen als Backup Lösung, die Warnleuchten am Bahnübergang über die Plattform einzuschalten und den Bahnschranken zu senken.

6.1.1 Business Logic Layer

Eine spezielle Funktion erfüllt der Business Logic Layer. Er entspricht, laienhaft dargestellt, dem Gehirn der Applikation. Aus verschiedenen Systemen holt er sich die Informationen, um Abfragen schnellstmöglich und effektiv zu verarbeiten. Schnittstellen hat er zu den Datenbanken und Abfragesystemen der Verkehrsleitsysteme, aber auch zu hinterlegten Fahrplänen von öffentlichen Verkehrsmitteln oder Straßen- und Fußgängerkarten. Außer dass in dieser Architekturschicht Informationen gematcht, bzw. berechnet werden, speichert sich das System auch selbstständig neue Wege und Möglichkeiten zum Lösen der Probleme ab, indem es vorgeschlagene Lösungen selbstständig monitort und mit den vorberechneten Ergebnissen vergleicht. Aufgrund der selber generierten Inputs und auch des Feedbacks von zum Beispiel der Kundenapplikation überschreibt das System seine Methoden immer wieder selbst und kann im Endeffekt aus einer Reihe von Best-Practice-Antworten wählen. In Kapitel 7 werden ich exemplarisch Szenarien aufzählen und auswerten, um aufzuzeigen, wie sich dieser intelligente Baustein der Plattform verhalten würde.

6.1.2 Cloudbasierte Lösung

Für eine Stadt wie Wien soll eine Smart Traffic Plattform für diverse Nutzergruppen nicht bedeuten, dass Unmengen von Geld in Infrastruktur ausgegeben werden sollen oder sicherheitstechnisch alle möglichen Benutzer in die Rechenzentren der Stadt auf die Plattform Zugang bekommen. Die Smart Traffic Plattform kann in einer Cloud laufen, welche von der Stadt Wien betrieben werden kann und in das Digitalisierungskonzept 2018[33] passt. Die Anpassbarkeit der laufenden Dienste in der Cloud und die Skalierbarkeit sind Vorteile, welche Kosteneinsparungen garantieren und Wachstum ermöglichen. Durch das oben genannte Digitalisierungskonzept und die Smart City Wien Rahmenstrategie[34] Vorbereitung wird es flächendeckend in der Stadt Internetabdeckung geben, sodass der Weg zur Cloudlösung bereits durch andere Projekte der Stadt Wien vorbereitet wird. Gerade bei einer Lösung wie der intelligenten Plattform, welche Zugang von verschiedensten Stakeholdern bewältigen muss, ist eine cloudbasierte Lösung zu favorisieren.

6.2 Applikation für sehbehinderte Personen

Die Kundenapplikation ist für viele Personen gedacht – ich möchte aber als Beispiel die sehbehinderten Menschen heranziehen. Außer der Webapplikation gibt es auch eine für mobile Endgeräte, ähnlich einer „Google Maps“ Funktion. Der größte Unterschied zu Google Maps ist die Verbindung von der Handyapplikation zu der intelligenten Plattform, zu dem Haptic Radar Brustgurt und den Verkehrsleitsystemen vor Ort, welche, wie ich in Kapitel 5 schon erwähnt habe, ein eigenes Sender/Empfängermodul eingebaut haben und sich mit dem Brustgurt und der Handyapplikation austauschen. Die genaue Funktionsweise werde ich in einem Szenario in Kapitel 7 beschreiben.

---

[33] http://www.digitaleagenda.wien/stadt-der-digitalen-kompetenz.html besucht am 20.August 2018

[34] https://smartcity.wien.gv.at/site/wp-content/blogs.dir/3/files/2014/08/Langversion_SmartCityWienRahmenstrategie_deutsch_doppelseitig.pdf besucht am 8.August 2018

7. Entwicklung einer Business Logik mit Ansätzen einer KI

In diesem Kapitel werde ich mittels diverser Szenarien die Smart Traffic Technologie und das Miteinbinden des Business Logic Layers erklären und darauf eingehen, wie sich die intelligente Plattformen selbstständig weiterentwickeln kann.

7.1 Blaulichtorganisation

Jede Blaulichtorganisation hat einen eigenen Zugang auf die Plattform und die Verkehrskameras, welche miteingebunden sind, helfen vor allem der Rettung und der Polizei, um die Situation vor Ort besser einschätzen zu können. Die Blaulichtorganisation gibt ihre Startkoordinaten ein und das System berechnet den schnellsten und effizientesten Weg. Dafür nimmt sich die Business Logik die Verkehrskameras entlang der möglichen Routen und bestimmt das Verkehrsaufkommen. Außerdem vergleicht das System die möglichen Routen mit den abgespeicherten Listen der potentiellen Verkehrsaufkommen zu gewissen Uhrzeiten auf gewissen Strecken. Zusätzlich berechnet das System, falls die erforderliche Route einen Bahnübergang kreuzt, die Bahnfahrpläne mit ein, damit die Blaulichtorganisation keine Zeit vor Schranken verliert.

Das System schlägt mehrere Routen mit Priorisierungen vor und nach dem Auswählen einer Route durch den Benutzer wird an die Verkehrsleitsysteme entlang der Route eine Information geschickt. Diese Information beinhaltet eine Grünphasenregelung der Ampeln, welche durch das Blaulichtfahrzeug in Gang gesetzt wird (das Fahrzeug besitzt einen Sender/Empfänger, welcher mit den Verkehrsleitsystemen und der Plattform verbunden ist). Falls der Fahrer des Blaulichtfahrzeugs seine Route ändern will, kann er dies direkt von der Smartphoneapplikation antriggern und das System schickt wieder eine Information an die Verkehrsleitsysteme aus. Zusätzlich werden Blaulichtwagen sofort von der Plattform benachrichtigt, wenn sich an der Verkehrssituation etwas geändert hat, zum Beispiel parkt ein Auto zu weit in die Fahrbahn hinein und die Straßenbahn kommt nicht vorbei und der ganze Verkehr steht.

Außerdem werden bei Kreuzungen mit öffentlichen Verkehrsmitteln, welche eigene Ampelsysteme haben, diese beim Herannahen des Blaulichtfahrzeuges nicht auf Grün geschalten. Erkennen können die Ampelsysteme der öffentlichen Verkehrsmittel dies durch das Signal, welches vom Blaulichtfahrzeug ausgesendet wird und durch die Vorabinformation, welche von der Plattform ausgeschickt wurde.

Wenn die Blaulichtfahrzeuge bei Verkehrssignalsystemen vorbeigefahren sind, welche einen speziellen Grünphasenplan hinterlegt bekommen haben, dann warten diese

Systeme die normal ablaufende Grün-Rotphase im Hintergrund ab und steigen dann in die automatische Grün-Rotphasenschaltung wieder ein, damit sie sich wieder in den Normalbetrieb der Ampelsysteme einreihen können und nicht an den Schaltungen der anderen vorbeilaufen.

7.2 Sehbeeinträchtigte Menschen

Für sehbeeinträchtigte Menschen ist eine Stadt oft erdrückend, weshalb wahrscheinlich viele von ihnen nicht oft außer Haus gehen. Um ihnen mehr Lebensgefühl geben zu können soll ihnen die Plattform helfen einfach und sicher zu Punkten in der Stadt zu gelangen. Über die ganze Thematik habe ich mit einer blinden Person bei der ÖBB gesprochen, welche für die barrierefreie Nutzung der ÖBB Applikationen verantwortlich ist.

Nachdem sie sich auf der Plattform eingeloggt haben, können sie per Tastatur oder sprachgesteuert eine Ausgangsadresse und eine Zieladresse wählen. Außerdem gibt es die Möglichkeit, dass andere ihren Weg mittels Monitor in der Applikation mitverfolgen können. Das intelligente System berechnet nun den sichersten Weg aufgrund der Lage des Verkehrs, Baustellen (Baustellen in der Stadt müssen von der Stadt genehmigt werden, dadurch sind sie vorhersehbar und können auf der Plattform hinterlegt werden), per Applikation am mobilen Endgerät wird der User per Sprache zu den nächsten Fußgängerampeln hingeführt. Da es in der Stadt meistens etwas lauter zugeht und der sehbeeinträchtigte Benutzer auch auf den Verkehr und die allgemeinen Geräusche rund um ihn achten muss, bekommt er als Unterstützung den Haptic Radar Brustgurt. Der Brustgurt ist, genauso wie das mobile Endgerät auf der Plattform registriert. Wenn sich der User nun aufmacht, sendet und empfängt auch der Gurt die Signale der Verkehrsleitsysteme. Durch die eindeutige ID des Gurtes und des mobilen Endgerätes kann die Smart Traffic Plattform über die Sender/Empfangsmodule der Ampeln bestimmen, wo sich der Benutzer befindet, und durch leichte Vibrationen am Brustgurt kann der Nutzer auch gesteuert werden. Die Ampeln in seiner Nähe registrieren die ID und falls sich der sehbeeinträchtigte Mensch in die falsche Richtung bewegt, wird er durch Vibrationen des Gürtels in die richtige Richtung gelenkt. Der Gurt besitzt mehrere Vibrationsmodule, welche beim Anlegen an den Körper nach vorne/hinten und links/rechts ausgerichtet werden. Somit befinden sich ein Modul etwas unterhalb des mittigen Brustkorbs, eines direkt am Rücken, eines links bei den Rippen und das andere rechts bei den Rippen.

Ein spezielles Feature des Smart Traffic Konzeptes ist die Rot/Grün Wiedergabe der Fußgängerampel für den sehbeeinträchtigten Menschen. Wenn der Nutzer an der Fußgängerampel steht und sich trotz Rotphase ein paar Meter auf die Straße begibt, merkt das Modul der Ampel den Abstand zum Handy oder zum Vibrationsgürtel und

Sendet dem Handy oder dem Gürtel ein Warnsignal. Aufgrund dessen geht beim Handy ein Alarm los oder der Gürtel beginnt in einem vordefinierten Rhythmus zu vibrieren. Umgekehrt ist es bei Grünphasen. Wenn die Ampel auf „grün“ schaltet, bekommt wiederum das mobile Endgerät oder der Gürtel ein Signal zum Losgehen.

Die Funktionsweise dieses Szenarios mit der Ampel ist speziell abgesichert: da es absolut nicht passieren darf, dass das System einen Menschen bei einer Rotphase auf die befahrene Straße schickt, wird das Signal (ob Rotphase oder Grünphase) direkt von der Lampe in der Ampel gesendet. So kann es nicht vorkommen, dass ein Fortbewegungssignal dem Menschen vorgegaukelt wird, obwohl das rote Licht leuchtet.

Falls ein Blaulichteinsatz sich auf der vorgeschlagenen Strecke abspielt, warnt das mobile Endgerät den Benutzer vor. Falls es sich nicht vermeiden ließ und eine Strecke mit einer Baustelle dem Benutzer vorgeschlagen wurde, wird der Benutzer per Sprache auf die Baustelle und deren Umgehung hingewiesen.

Wie bereits eingangs erwähnt können auch andere Benutzer der Plattform den gewählten Weg des sehbeeinträchtigten Menschen mitverfolgen. Dies soll allgemein ein Gefühl der Sicherheit geben.

7.3 Zug

Die intelligente Plattform kann auch auf die Zugpläne zugreifen und bekommt zusätzlich die Signale des Herankommenden Zuges mit. Gerade in den Morgen- und späten Nachmittagsstunden, wenn sich viele Pendler auf der Straße befinden, kann eine geschlossene Bahnschranke schnell zu Stauaufkommen führen. Aus diesem Grund wählt die Business Logik zwischen gewissen Uhrzeiten eine andere Ampelschaltung für diese Hotspots aus und schaltet, wenn nötig, einen vordefinierten Zusatztext auf den Anzeigetafeln oder schaltet digitale Verkehrsschilder an. Man kann es sich so vorstellen, dass die Autofahrer in einem gewissen Umkreis oder bei gewissen ab- und Auffahrten informiert werden, dass die Bahnschranke für eine längere Zeit geschlossen wird und es einen Umweg gibt. Dieser Umweg wird mit digitalen Verkehrsschildern beschrieben. Durch Verkehrskameras erkennt die Plattform, ob sich auf den Auswegrouten Stau bildet und kann die Informationen an den freien Anzeigetafeln und die digitalen Verkehrsschilder an die Situation anpassen. Wird ein Stau erkannt berechnet das System die nächstbeste Ausweichroute. Außer den Verkehrsschildern und den Freitexten können diese Informationen auch JIT (just in time) über die Kundenapplikation mittels PUSH Technologie abgerufen werden.

7.4 Verkehrsstau in der Stadt

Durch die Verkehrskameras erkennt die Plattform einen Verkehrsstau in der Stadt und berechnet aufgrund der Uhrzeit und der geographischen Lage Ausweichrouten. Die Uhrzeit ist deshalb wichtig, weil in den Morgenstunden wahrscheinlich viele Pendler in die Stadt wollen und am späten Nachmittag möchten die Leute die Stadt verlassen. Und die geographische Lage wird gebraucht, um herauszufinden, ob der Stau in der Nähe der Autobahn Auf- bzw. Abfahrten sich befindet oder auf Hauptverkehrsrouten in der Stadt. Autobahnabfahrten sollten so schnell wie möglich freigemacht werden, da es nicht auf die Autobahn zurückstauen darf. Routen mit viel öffentlichem Verkehr (das intelligente System kann auf die Verkehrspläne des öffentlichen Verkehrs zugreifen) sollen frei gehalten werden, da zum Beispiel Schienenfahrzeuge keine Ausweichrouten haben und Busse fixe Haltestellen anfahren müssen.

Eine Möglichkeit, welche von der intelligenten Plattform genützt werden kann, ist proaktiv Einbahnen umzudrehen. Dazu benutzt die Plattform Kameras, die am Anfang und am Ende der Straße einen Einblick geben. Geht zum Beispiel am Morgen die Einbahn Richtung Stadt, dann wird ab einer bestimmten Uhrzeit das digitale Verkehrsschild vor der Einfahrt zur Einbahn auf „Keine Zufahrt" geschalten (roter Kreis und weißer Balken) und die Kamera beobachtet x Minuten, ob die Straße frei ist. Nach dieser Zeit wird das digitale Verkehrszeichen am Ende der Straße auf „Einbahn" gestellt und zeigt den Autofahrern an, dass sie die Einbahn zur Stadt hinaus nützen können. In den frühen Morgenstunden wird dann das ganze wieder umgedreht.

7.5 Verkehrsstau auf der Autobahn

Wenn auf der Autobahn ein Verkehrsstau entdeckt wird (zum Beispiel durch die Zählkameras, die unter den digitalen Verkehrsschildern hängen), berechnet die Plattform Ausweichrouten, welche nicht den flüssigen Verkehr in der Stadt stören. Dabei werden wieder die Fahrpläne der öffentlichen Verkehrsmittel herangezogen, als auch abgespeicherte Vorschläge zu Ausweichrouten, welche um diese Uhrzeit nicht überlastet sind. Außerdem geht das System hier stufenweise vor. Es schaltet nicht automatisch alle sich auf der Autobahn befindenden Verkehrstafeln um, um alle Autos von der Autobahn zu holen, sondern es geht zum Beispiel Fahrspurweise vor. Eine Fahrspur nach der anderen wird mittels Signalen auf den digitalen Schalttafeln von der Autobahn abgeleitet und durch automatisch geschaltete Verkehrstafeln per Umweg nach dem Staupunkt wieder auf die Autobahn umgeleitet. Aufgrund der kurzzeitigen Überlastung der abgeleiteten Autos werden vom System auch die Ampelanlagen bei den Autobahnabfahrten berücksichtigt, damit kein Rückstau zur Autobahn besteht.

7.6 Rush-Hour

Um dem jedem bekannte Rush Hour Problem entgegen zu wirken erkennt die Plattform nicht nur Rush Hour Zeiten, sondern versteht auch hinterlegte Feiertage und Bildungsferien (Schulferien bzw. Universitätsferien). Zu diesem Zweck nutzt das intelligente System auch die Möglichkeit, die Einbahn proaktiv umzudrehen, wie ich es oben schon beschrieben habe. Da nicht nur von den Stadtstraßen die Informationen vom System abgerufen werden können, sondern auch die Autobahnauffahrten und die ersten Streckenkilometer auf der Autobahn kann das System eruieren, welche Strecken am ehesten als Ausweichrouten während der Rush Hour geeignet wären.

7.7 Unfallerkennung

Wenn die Plattform erkennt, dass es einen Unfall gibt, oder wenn eine Blaulichtorganisation diese Information auf der Plattform speichert, errechnet sich das System Ausweichrouten für andere Fahrzeuge, exklusive öffentliche Verkehrsmittel, um einerseits Staus zu vermeiden und andererseits den Blaulichtorganisationen freie Fahrt zu ermöglichen. Unfallerkennung kann auch durch Verkehrskameras erfolgen, welche einen zähen Fluss des Verkehrs oder Stillstand erkennen lassen.

7.8 Verbesserungsmöglichkeiten der Business Logik

Damit der Business Logic Layer sich selbst weiter entwickeln kann bedarf es mehrerer Qualitätsreviews – einerseits durch Benutzer des Systems, andererseits durch das System selbst.

Nachdem ein blinder Mensch vom Start- bis zum Endpunkt durchgeführt wurde, kann er mittels Text- oder Spracheingabe ein Feedback abgeben. Die Antworten sind größtenteils standardisiert, damit sich das System leichter mit der Auswertung tut. Alle nicht standardisierten Antworten werden von einem Systemverantwortlichen ausgewertet und ins System eingegeben. Außer dass das System sein Vorgehen mit den Antworten vergleichen kann und gegebenen falls Maßnahmen einleitet, damit es das nächste Mal genauere oder optimalere Vorschläge gibt, wird das Feedback und somit auch Vorlieben des Benutzers auf dessen Account gespeichert und bei der nächsten Benutzung werden diese Antworten berücksichtigt.

Genau dieselbe Vorgehensweise wird bei Blaulichtorganisationen gewählt. Nach einer Fahrt zum Einsatzort wird das System auch wieder bewertet – allerdings werden sich die Bewertungskriterien von denen der sehbeeinträchtigten Menschen unterscheiden.

Auch Service Manager der Stadt Wien oder der ASFINAG können dem System immer wieder Feedback geben bezüglich Ampelschaltung oder Ausweichrouten.

Zum größten Teil aber soll sich die intelligente Plattform selbst bewerten. Nachdem sie Änderungen eingeleitet hat (Ampelschaltungen, Umfahrungsstrecken oder Ausweichrouten) monitort sie die Auswirkungen. Sie bekommt mit, wann sich die Verkehrslage bessert und ob dies in der vorberechneten Zeit passiert mit den vorberechneten Auswirkungen. Das System lernt, dass gewisse Tageszeiten und gewisse Konstellationen wie etwa Feiertage verschiedene Vorgehensweisen erfordern. Dadurch legt sich die Plattform ein eigenes Wiki an mit speziellen Filtern, welches kontinuierlich vom System überprüft wird. Das System erkennt auch außernatürliche Gegebenheiten, und schreibt seine Wissensdatenbank nicht sofort um.

8. Fazit / Beantwortung Forschungsfrage / Bewertung Hypothese

Gesamtheitlich gesehen hat die Stadt Wien die besten Voraussetzungen, um ein Smart Traffic Konzept umsetzen zu können, ohne immense Aufwände betreiben zu müssen. Das große Fragezeichen ist eher die Monopolstellung des zurzeit eingesetzten Traffic Light Controller Anbieters, da die Schnittstellen nicht dem OCIT Standard entsprechen. Größtenteils setzt die Stadt Wien Siemensprodukte ein, jedoch hat auch hier schon ein Umdenken stattgefunden und die Stadt probiert auch bei Ausschreibungen auf die Standardschnittstellen bei Verkehrsleitsystemen hinzuweisen, um eine heterogene Verkehrstechniklandschaft aufbauen zu können.

Zusätzlich habe ich in der Arbeit darauf hingewiesen, dass ein Sender/Empfänger Modul für Zusatzinformationen bei sehbehinderten Menschen in die Verkehrsleitsysteme eingebaut werden sollte – ich kann hierzu aber leider nicht abschätzen, wie hoch diese Kosten wären.

Für die vorgestellte intelligente Plattform wird natürlich ein Approver, also ein Mitarbeiter benötigt, der anfangs immer wieder aktiv die angestrebten Aktionen des Systems überprüft. Dies dient natürlich der Sicherheit aller Beteiligten und muss auf Grund von Haftungsfragen auch geschehen.

Rückblickend gesehen wird die Forschungsfrage, wie es möglich ist die manuell getriggerten Signalsysteme auf den Straßen von Wien digital zu steuern und zu vernetzen und diese Daten in eine cloudbasierte Lösung zu integrieren, wo sie nach individuellen Anforderungen abgerufen werden kann, in den Kapiteln 5 bis 7 beantwortet. Ich habe gezeigt, dass durch die Erweiterung der Verkehrsleitsysteme in Hinblick auf ein Sender/Empfängermodul und ein zusammenführen der Informationen in eine cloudbasierende Plattform mit einem Business Logic Layer die Forschungsfrage positiv beantwortet werden kann. Auf die Skalierbarkeit der Benutzergruppen wurde durch das Rollen/Berechtigungskonzept hingewiesen. Mir ist bewusst, dass die Lösung auch in einer nicht cloudbasierenden Umgebung laufen kann, aber durch die diversen Stakeholderzugriffe, die Skalierbarkeit der Features, welche auf der Plattform angeboten werden und die Infrastrukturkosten, die bei einer stationären In-House Lösung auf die Stadt Wien zukommen würden, habe ich mich für die Cloud entschieden.

Ich muss zugeben, dass ich schon länger über Smart Traffic Informationen gesammelt habe, da ich dieses Thema spannend und zukunftsweisend finde. Aus diesem Grund habe ich mir die Hypothese sehr genau überlegt und war der festen Überzeugung, dass diese Machbarkeitsstudie erfolgreich sein wird.

Durch das vor zwei Jahren angefangene Projekt Smart City Wien Rahmenstrategie[35] und durch die Digitalagenda der Stadt Wien[36] bin ich überzeugt, dass die Vorarbeit, welche Wien schon geleistet hat, ein starkes Fundament für die Smart Traffic Plattform bildet.

Aus diesem Grund und aus den Ausführungen von Kapitel 5 bis 7 sehe ich die am Anfang der Arbeit aufgestellte Hypothese als verifiziert an.

---

[35]https://smartcity.wien.gv.at/site/wp-content/blogs.dir/3/files/2014/08/Langversion_SmartCityWienRahmenstrategie_deutsch_doppelseitig.pdf besucht am 8.August 2018

[36] http://www.digitaleagenda.wien/stadt-der-digitalen-kompetenz.html besucht am 20.August 2018

9. Zusammenfassung & Ausblick

Für mich stellt die Beendigung dieser Arbeit keineswegs eine Beendigung des Themas dar. Ich bin der festen Überzeugung, dass eine Infrastructure-to-Infrastructure Landschaft schneller im realen Leben umgesetzt wird als flächendeckend das Konzept der selbstfahrenden Autos etabliert werden kann. Bestärkt wird dies durch die Richtlinie 2010/40/EU des Europäischen Parlamentes und des Rates vom 7. Juli 2010, die sich mit der Einführung intelligenter Verkehrssysteme in Europa beschäftigt[37].

Die in der Arbeit vorgestellte intelligente Plattform kann jederzeit durch neue Features erweitert werden, wie zum Beispiel verlorengegangene Menschen in der Stadt schneller finden. Zurzeit darf die Polizei ein Handy nur dann orten, wenn das Leben desjenigen in Gefahr ist, wie zum Beispiel bei einer Entführung. Aber mein Konzept von den Sender/Empfängermodulen in den Verkehrsleitsystemen kann auch als Beispiel für Indoor-Tracking genommen werden – ich bin in Kapitel 7.2 auf diese Möglichkeit eingegangen (Indoor Tracking bei großen Lagerhallen basiert auch auf eingebauten Respondersignalen in der Umgebung, da GPS bei zu viel Metall- und Stahlbauten oft versagt)..

GPS Signale sind in Städten mit einer hohen Dichte an Metall und Stahl oftmals sehr schwach, auch deshalb hat das Konzept von Indoor-Tracking in meinen Augen Potential.

Auf einer Logistik Messe in Wien bin ich vor zirka acht Jahren einem ausländischem Anbieter für Informationstechnologie begegnet, der in Katar Geräte, wie hier in Abbildung 6 gezeigt wurde, sogenannte RSUs, an jeder Straßenkreuzung montiert hat. Damit wurden Verkehrsdaten in die Zentrale geliefert und eine eigene Applikation für mobile Endgeräte informierte die Menschen in der Stadt über Neuigkeiten. Zu dieser Zeit fand ich, dass diese Idee eine wirkliche Zukunft hatte – und die Miteinbindung der Technik in die Verkehrsleitsysteme selbst ist in meinen Augen nun eine Weiterentwicklung.

Die Stadt Wien plant für den Bezirk Seestadt ein autoloses Zentrum zu bauen und will dafür selbstfahrende Busse einsetzen[38]. Ich habe bei den Wiener Forschungstagen 2018 eine kleine Testfahrt mit dem Bus unternommen, allerdings befindet sich das Vorhaben laut Wiener Linienmitarbeiter, die am Forschungstag vor Ort waren, noch in Phase 2 des Projektplans und das Startdatum für diesen Bus in Seestadt mit 2019 wird kritisch beäugt. Zurzeit reagiert der Bus nicht auf Hindernisse und fährt eine

---

37 https://eur-lex.europa.eu/legal-content/DE/ALL/?uri=uriserv:tr0040 besucht am 7.September 2018

38 https://www.wien.gv.at/verkehr/oeffentlich/selbstfahrender-bus.html besucht am 7.September 2018

vorgegebene Strecke 1:1 ab. Auch wenn er Hindernisse erkennen würde, könnte er zurzeit nicht ausweichen.

Meiner Meinung nach haben wir schon längst die technischen Voraussetzungen, um Smart Traffic Konzepte oder Smart Vehicle Konzepte umzusetzen, doch meistens merke ich, dass die Leute probieren etwas Neues zu kreieren, anstatt die Technik, die wir haben, zu erweitern oder zu verbinden. Ich denke da zum Beispiel auch an die Gamer-Welt. In ihr wird seit längerem auf Virtual Reality Brillen gesetzt oder auf multifunktionale Eingabegeräte, welche sich auch im industriellen Umfeld sehr gut einsetzen lassen würden. Auch aus dem Militärbereich oder dem Medizinbereich kann man viele technische Leistungen in unser tägliches Leben miteinbinden.

Meiner Meinung nach werden in den nächsten Jahren viele Produkte, welche zurzeit nur in Spezialbereichen zu finden sind, massentauglich werden. Smart Traffic Plattformen werden nicht nur städteweise Einsatz finden, sondern sie werden auch über die Stadtgrenzen darüber hinausgehen. Zusätzlich werden sie auch mit den Fahrzeugen selbst kommunizieren – aber dies wird noch etwas länger dauern.

10. Literaturverzeichnis

[1] ASFINAG Autobahnen- und Schnellstraßen-Finanzierungs-Aktiengesellschaft;
[Online] https://www.asfinag.at/verkehrssicherheit/verkehrsmanagement/; besucht am 8.August 2018

[2] Wien Leuchtet (Magistratsabteilung 33);
[Online] https://www.wien.gv.at/verkehr/ampeln/steuerung/verkehrsleitzentrale.html; besucht am 8.August 2018

[3] Technische Universität München: Lehrstuhl für Verkehrstechnik, Ingenieurfakultät Bau Geo Umwelt
[Online] https://www.vt.bgu.tum.de/lehre/master/module/elective-modules/intelligente-fahrzeuge/
besucht am 22. August 2018

[4] Smart Cities, Smart Mobility: Transforming the Way We Live and Work;
Autor: Lukas Neckermann; Verlag: TROUBADOR PUB LTD; herausgegeben: 28.März 2018; [Kindle]; Pos.79

[5] Welt.de;
[Online] https://www.welt.de/wirtschaft/webwelt/article114516596/Mit-Smart-Traffic-lassen-sich-Staus-verhindern.html; Autor: Rainer Schuldt;
besucht am 19.August 2018

[6] U.S. Department of Transportation – Federal Highway Administration;
[Online] https://www.fhwa.dot.gov/publications/research/ear/SmartTrafficSignal.pdf;
besucht am 19.August 2018

[7] ITS Austria;
[Online] https://www.smart-mobility.at/its-austria/aufgaben/;
besucht am 19.August 2018

[8] TM2.0;
[Online] http://tm20.org/;
besucht am 19.August 2018

[9] Siemens AG;
[Online] https://www.siemens.com/content/dam/webassetpool/mam/tag-siemens-com/smdb/mobility/road/traffic-management/documents/cooperativity-in-motion-de.pdf;
Seite 7;
besucht am 26.August 2018

[10] Siems AG;
[Online] https://www.siemens.com/content/dam/webassetpool/mam/tag-siemens-com/smdb/mobility/road/connected-mobility-solutions/cooperative-systems/documents/siemens-vehicle-to-x-communication-technology-infographic-de-14nov16.pdf;
besucht am 24.August 2018

[11] Wikipedia.org;
[Online] https://de.wikipedia.org/wiki/Sven_G%C3%A1bor_J%C3%A1nszky;
besucht am 24.August 2018

[12] 2b AHEAD ThinkTank GmbH;
[Online] https://www.zukunft.business/;
besucht am 24.August 2018

[13] 2b AHEAD ThinkTank GmbH;
[Online] 2016-10-16_2b_AHEAD_Trendanalyse_Selbstfahrende_Autos_01.pdf;
Trendanalyse 04/2016; Autor: Sven Gabor Janszky;
Download am 23.August 2018

[14] 2b AHEAD ThinkTank GmbH;
[Online] 2016-10-16_2b_AHEAD_Trendanalyse_Selbstfahrende_Autos_01.pdf;
Trendanalyse 04/2016; Autor: Sven Gabor Janszky; Seite 3
Download am 23.August 2018

[15] GESIG Gesellschaft für Signalanlagen;
[Online] https://www.gesig.at/;
besucht am 21.August 2018

[16] SWARCO AG;
[Online] https://www.swarco.com/austria;
besucht am 21.August 2018

[17] Kapsch TrafficCom;
[Online] https://www.kapsch.net/ktc;
besucht am 24.August 2018

[18] Kapsch TrafficCom;
[Online]https://www.kapsch.net/ktc/Portfolio/Operations?conversion=GridBox42675Betrieb;
besucht am 24.August 2018

[19] Siemens AG;
[Online] https://www.siemens.com;
besucht am 24.August 2018

[20] OCA - Open Traffic Systems City Association;
[Online] https://www.oca-ev.info/ocit/was-ist-ocit/;
besucht am 24.Juli 2018

[21] OCA - Open Traffic Systems City Association;
[Online] https://www.oca-ev.info/oca-ev/oca-ev-ziele-motivation-und-mitgliedschaft/?L=crrhmzuvbzeqp
besucht am 24.Juli 2018

[22] OCA - Open Traffic Systems City Association;
[Online] https://www.oca-ev.info/ocit/was-ist-ocit/;
besucht am 24.Juli 2018

[23] OCA - Open Traffic Systems City Association;
[Online] https://www.oca-ev.info/oca-ev/oca-ev-ziele-motivation-und-mitgliedschaft/?L=vqlledrjsdbc%22%22;
besucht am 24.Juli 2018

[24] Siemens AG;
[Online]https://www.siemens.com/global/de/home/produkte/mobilitaet/strassenverkehr/connected-mobility-solutions/sitraffic-vehicle2x.html;
besucht am 20.Juli 2018

[25] ASFINAG Autobahnen- und Schnellstraßen-Finanzierungs-Aktiengesellschaft;
[Online] http://services.asfinag.at/web/trafficdata/level-of-service-vmis;
besucht am 12.August 2018

[26] Wien Leuchtet (Magistratsabteilung 33);
[Online] https://www.wien.gv.at/verkehr/ampeln/steuerung/verkehrsleitzentrale.html;
besucht am 8.August 2018

[27] wien.at: Magistrat der Stadt Wien;
[Online] https://smartcity.wien.gv.at/site/wp-content/blogs.dir/3/files/2014/08/Langversion_SmartCityWienRahmenstrategie_deutsch_doppelseitig.pdf;
besucht am 8.August 2018

[28] Siemens AG;
[Online]https://www.siemens.com/global/de/home/produkte/mobilitaet/strassenverkehr/connected-mobility-solutions/sitraffic-vehicle2x.html;
besucht am 12.August 2018

[29] Siemens AG;
[Online] https://www.hitech.at/mobilitaet/wohin-geht-die-fahrt/;
besucht am 8.August 2018

[30] Ars Electronica Linz GmbH & Co KG;
[Online] https://ars.electronica.art/wp-content/legacy/content/documents/AEC_Broschuere_2009.pdf; Seite 9;
besucht am 17.Juli 2018

[31] Ars Electronica Linz GmbH & Co KG;
[Online]http://90.146.8.18/en/archives/picture_ausgabe_03_new.asp?iAreaID=501&showAreaID=552&iImageID=69575;
besucht am 17.Juli 2018

[32] The University of Tokyo – Ishikawa Senoo Laboratory;
[Online] http://www.k2.t.u-tokyo.ac.jp/perception/HapticRadar/index-e.html;
besucht am 17.Juli 2018

[33] Stadt Wien – Digitales Wien;
[Online] http://www.digitaleagenda.wien/stadt-der-digitalen-kompetenz.html;
besucht am 20.August 2018

[34] wien.at: Magistrat der Stadt Wien;
[Online] https://smartcity.wien.gv.at/site/wp-content/blogs.dir/3/files/2014/08/Langversion_SmartCityWienRahmenstrategie_deutsch_doppelseitig.pdf;
besucht am 8.August 2018

[35] wien.at: Magistrat der Stadt Wien;
[Online] https://smartcity.wien.gv.at/site/wp-content/blogs.dir/3/files/2014/08/Langversion_SmartCityWienRahmenstrategie_deutsch_doppelseitig.pdf;
besucht am 8.August 2018

[36] Stadt Wien – Digitales Wien;
[Online] http://www.digitaleagenda.wien/stadt-der-digitalen-kompetenz.html;
besucht am 20.August 2018

[38] Europäische Union – EUR-lrx;
[Online] https://eur-lex.europa.eu/legal-content/DE/ALL/?uri=uriserv:tr0040;
besucht am 7.September 2018

[37] wien.at: Magistrat der Stadt Wien;
[Online] https://www.wien.gv.at/verkehr/oeffentlich/selbstfahrender-bus.html;
besucht am 7.September 2018

11. Abbildungsverzeichnis

Abbildung 1 - Vision für Vehicle-to-X-Kommunikationstechnologie (V2X) von Siemens 9
Abbildung 2 – vordefinierte Verkehrszeichen....15
Abbildung 3 - Bus und Straßenbahn....15
Abbildung 4 – Fußgängerampel mit Kamera....16
Abbildung 5 - Straßenbahn....16
Abbildung 6 - Car2X Technologie....17
Abbildung 7 - Tafel für Freitext....17
Abbildung 8 - Bahnübergang mit Schranken und Lichtsignal....18
Abbildung 9 - Bus und Straßenbahn (Variante)....18
Abbildung 10 - Funktionsweise TLC....20
Abbildung 11 - Smart Traffic Plattform....23

FSC
www.fsc.org
MIX
Papier | Fördert
gute Waldnutzung
FSC® C083411

Kolibri 360 GmbH
Ferdinand-Jühlke-Straße 7
99095 Erfurt, Deutschland
produktsicherheit@kolibri360.de

Druck:
CPI Druckdienstleistungen GmbH
im Auftrag der
Kolibri 360 GmbH
Ferdinand-Jühlke-Str. 7
99095 Erfurt